허공을 허물다

허공을 허물다

지은이 · 신군자
펴낸이 · 유재영
펴낸곳 · 주식회사 동학사

1판 1쇄 · 2021년 8월 15일
출판등록 · 1987년 11월 27일 제10-149

주소 · 04083 서울 마포구 토정로53 (합정동)
전화 · 324-6130, 324-6131 | 팩스 · 324-6135
E-메일 | dhsbook@hanmail.net
홈페이지 | www.donghaksa.co.kr
www.green-home.co.kr

ISBN 978-89-7190-788-7 03810

※ 이 책은 2021년 천안문화재단 에서 발간비 일부를 지원받아 제작되었습니다.

허공을 허물다

신군자 시조집

Sijo Poems by Shin gun ja

동학사

■ 시인의 말

인연이란
서로 비껴가는 것이었음을
깨닫는데 오래 걸렸다

그 멀고 외로운 등짐을 풀어
마음 따뜻한 이들과
함께 나누고 싶다

겉으로는 정형의 틀에 묶인 듯
안으로는 그 자유로움에 이끌리어
시조와 평생 벗이 되었다

이 중 단 한 편이라도
혹, 가슴시린 이들에게
작은 위로가 될 수 있기를 바라면서
부끄러운 얼굴을 내민다

2021년 여름
신군자

01 햇살 좋은 날

02 기억에도 향기가

허공을 허물다 | 신군자 시조집

03 세월을 걷다

04 꽃으로 다시

01

햇살 좋은 날

해맞이

잠 못 이뤄 뒤채는 바다를 흔드는 이 있다
일만 구천 시간의 찬란한 금실들이
노 저어 노를 저어서
내게로 오는 이 있다

우리들 남은 물살의 깊이를 재지 말자고
화염보다 뜨겁게 타오르는 몸짓으로
어둠을 차고 일어나
내게로 오는 이 있다

바다는 말이 없으나 수심만큼 가슴도 깊어
고요히 파도 끝으로 하얗게 내미는 손
내일을 한 가슴 안고
달려 나가는 내가 있다

봄, 봄이라지만

안개 낀 남산골에
잔설 아직 녹지 않고

하늘 자꾸 흐려 와서
세상 밖은 보이질 않아

공복의
아침을 닦으며
응얼진 가슴 푼다

봄 내
이 봄 내내
빗물에 젖어 있어

꽃자리 아물기도 전
촉마다 등을 켠다

우리들
저 순수의 이름 앞에
무엇으로 상을 차리랴

꽃을 말리며

나이보다 웃자라 조로증早老症에 걸렸다
햇살보고 눈물 짓고 빗속에 웃음 웃던
음지로, 음지로만 내 걸어
영혼까지 말렸다

흔들리는 미풍에 그리움 바스러진다
바람의 옷을 입고 박제가 된 꽃잎들
눈부신 그 시절의 향기
세월 가듯 사라진다

듬성듬성 검은 꽃이 화석처럼 피었다
달빛 같은 그리움도 비껴간 상처에는
무언의 창백한 입술이
일그러진 마른 꽃

나팔꽃 씨앗 하나

손가락 걸지 않아도 그것은 약속이다
바람과 빛과 간절함과의 약속이다
가슴에 한 줌 흙을 모아
소망하나 묻어 두는 거

그늘 진 창가에도 신의 눈빛은 닿다
꽃바람 시샘해도 봄눈처럼 녹아들어
흙 가슴 진한 젖 내음으로
그 소망 싹튼다는 거

죽은 나무의 어깨도 더러는 따뜻하다
'너도 누군가에 의지해야 사는구나!'
꼭 잡은 삭정이 가지에
아침마다 보조개 핀다

입춘

흰 갑옷 툭툭 털고 큰 칼 내려놓는
한 계절 서슬 푸르기 청솔 같던 동장군
가지 끝 산기産氣 느끼는 아픔
쓰다듬고 돌아선다

흙 밟고 헤엄치던 안개비 산발을 하고
갯버들 여린 가슴 봉싯하니 부풀 때쯤
풀물 든 호드기 소리가
먼 기억을 넘어온다

하늘 눈짓 흙의 입김에 옷깃 풀고 마중 간다
이 들 저 산 모두 캐어 한 가슴에 안으려니
쑥물 밴 손톱 밑으로
칼끝바람 숨어든다

4월의 어머니여!

언제면 풀리려나 얼어붙은 당신의 강
가슴속 뜨거운 물 마르고 마르도록
생피 진 그 여린 꽃송이들
찬바람에 떨고 있네

노래는 피 흘리다 한 줌 재로 남아
회오리치며 흘러가던 하얗게 쉰 목소리
먼 하늘 이승을 돌아
메아리로 잠기고

잔설 녹은 산그늘에 다시 4월이 와도
무색의 꿈만 꾸며 뒤척이는 물결이여
오늘도 불면의 종소리가
핏빛으로 울고 있네

마곡사* 개울가에는

철없는 꽃샘바람이 풍경놀이 하고 있다
언 마음 달래가며 고운 봄은 흐르고
돌탑들 이마를 반짝이며
개울가를 수놓는다

돌탑은 부처되고 부처는 돌탑이 된다
숙연해진 마음에 절로 두 손 모으면
그 손길 간절함이 너무 깊어
돌 하나 주워 올린다

이끼 덮인 사연마다 눈물 꽃 향이 난다
돌마다의 소원과 돌마다의 그리움에
우주를 품어 안은 듯
풍경소리 젖어든다

---

* 충남 공주에 있는 사찰

봄 마중

맑게 갠 아침 산을 가볍게 올라본다
우수 경칩 다 지난 어린 햇살의 안온함
투명한 저 은혜의 빛과
싱그러운 생명들

겨우내 움츠렸던 마음 문 활짝 열고
상쾌한 새 흙의 새 입김을 맛본다
혹한의 그 쓰린 상처
간데없는 봄기운

지나간 모든 것들 다 잊어도 행복하다
신선한 바람 같은 새 꿈을 꾸고 싶다
나 홀로 걷고 걸어도
외롭지 않은 봄 마중

풋풋한 연둣빛에 그리움이 솟는다
자연은 하늘이 내려주신 크신 선물
산새들 신의 종소리로
봄 시를 읊조린다

등꽃

연둣빛
눈부신 오월
해묵은 창을 연다

촉마다 불 밝히고
하늘을 여는 여인

해빙의
긴 강을 건너 와
담장 밑에 조아린다

보랏빛
낮은 목소리
희지도 붉지도 못해

숨겨둔 깊은 얘기
손끝으로 풀어내며

수줍어
옷섶에 얼굴을 묻고
꽃향기만 날린다

거미의 꿈

가로등불 흔들리고 거리에 비 내린다
어머니 무릎에서 풀 먹인 모시올 잇듯
올올이 씨줄과 날줄을 엮어
꿈의 궁전을 짓는다

영롱한 은빛방울이 줄타기를 하고 있다
생존의 치열함으로 외로움과 싸우며
비 젖은 불빛 움켜잡고
허공에 투망을 한다

미세한 기척에도 가슴이 조여온다
적인가 먹이인가 설렘과 두려움에
삶이란 이토록 서러워
살아도 죽은 듯 산다

벚꽃 잔치

어수선한 4月에 햇살 하도 희게 웃어
마른 눈빛으로는 차마 바라 볼 수 없는
꽃잎은 하늘 가득히
환상의 축제를 연다

역사는 뿌리로 흘러 이 땅에 거름되고
탁류에 묻혀 흐르며 덜 씻긴 혈흔의 꽃
민족의 신음소릴 들으며
눈감고 탈춤을 춘다

새벽별

스산한 새벽 창에
잔물결이 흐른다

반짝이는 은하의 강
홀로 뜬 그리움 반쪽

채워도
다시 비워야 할
상처 난 빈 꽃자리

민들레 꽃씨만한
빛의 등에 입 맞춘다

가슴에 핀 꽃이듯
오래 그렇게 남아

먼 하늘
깊은 어둠 속에
마주치는 눈빛 하나

괭이밥풀 꽃

홍조 띤 꽃바람에
화초들이 신이 났다

덩달아 고개 드는
화분 속 작은 풀꽃

잡초는
꽃이 아니라며
무참히 뽑아냈다

어느 것은 화초이고
어느 것은 잡초인가

따돌린 미안함에
슬몃 다시 심어주니

생명은
버릴 것 하나 없는
소중한 화초였네

아직도 4월은

– 세월호 사고 1주년에

올해도 꽃바람은 풍랑을 몰았는가

잠자는 듯 흐르는 듯 음모의 수심水深은 깊어

파도 꽃 하얗게 덮인

가면의 푸른 바다여

아직도 4월은 잔인한 달이던가

눈물인 듯 빗물인 듯 추적이는 목울음

산천이 젖어 울도록

오열하는 하늘이여

연변의 시

이 세상 아무 데나 맘 부치면 고향인 걸
아픔의 즙액처럼 출렁이는 옥수수 밭
오늘도 대지大地*의 아내들이
모국母國을 일구고 있다

그 옛날 조선아이처럼 눈빛 순한 토담 밑
채송화, 맨드라미, 봉숭아, 과꽃마저도
밟히지 않을 만큼만
키 낮추며 웃고 있다

어쩌면 아침 햇살은 배꽃처럼 쏟아지나
우발치 앓던 자리 피맺힌 흔적을 덮고
역사는 저녁구름 사이로
흘러가고 있어라

* 펄벅의 소설 제목

아! 유관순

- 3.1절 100주년에

매봉교회 뜨락에도 꽃바람이 붑니다
슬프도록 찬란하게 빛나는 꽃, 꽃송이들
화들짝 깨어 일어나
만세를 부릅니다

왜적이 세 번이나 불태웠던 집과 교회
당신의 애국심은 불사르지 못했지요
얼마나 서럽고 안타까운
그리운 조국인가요

"왜 그리 하시나요?"
"그럼 누가 하나요?"
찢기고 짓밟힌 채 태극기 높이 올리던
열여섯 핏빛 꽃향기가
삼월 하늘 울립니다

너무 긴 단막극

현란한 시네마스코프
명동은 꿈의 거리
주연도 조연도 아닌 N.G 없는 엑스트라
첨부터 나의 역할이 이건 아니잖아요

이제쯤 하늘 감독님
내 노래를 꺼주세요
관객 없는 환상의 무대 허공 찢는 불량 음질
초라한 동정同情 몇 닢에 팔려가는 내 노래를

눈이 내리면 하느님
어디 있나요 내 발자국
육신의 배반으로 외면당한 영과 혼
이제는 제발 하느님 막을 내려 주십시오

김정구*의 두만강

- 91 중국 두만강 가에서

두만강 푸른 물은 푸르지도 않았어
구름 한 점 노닐 수 없는 하야니 야윈 가슴
웃음 꽃 시든지 오래인
어머니의 유골이었어

그리운 내 님 싣고 떠나간 배 어디로
봉인 된 우리의 눈물 그냥 안고 흐르며
강 건너 고요한 마을 근황은
바람도 알 수 없댔어

노 젓는 뱃사공은 흘러간 노래일 뿐
해는 그저 말없이 서산을 넘어가고
아이들 "이 강 건너면 안돼요!"
허공에 손 흔들었어

---

* 가요 '두만강'을 부른 가수(故人)

02

기억에도 향기가

여름의 늪

폭염이 절절 끓는 아스팔트 포도 위
발끝에 달라붙는 고독을 떨쳐내며
허기진 비둘기 한 마리가
불볕 속을 헤집는다

절벽 같은 삶의 등에 은빛 꿈 보이려나
너를 위해 누군가 알곡 몇 톨 흘렸기를
저 홀로 기도를 올리듯
간절함을 삼킨다

시멘트 열기 속에서 무엇을 쪼고 있나
보릿고개 넘어가듯 안타까운 걸음걸이
아버지, 어릴 적 내 아버지의
땀 절은 등을 본다

바다편지

오늘 바다에 와서야 너에게 편지를 쓴다
시근 없는* 물새 떼 목 놓아 그리움 울고
흰 깃발 흔들면서 파도는
너를 기다리는가

어둠의 쓸쓸함을 위해 빛은 아름답다
광란의 불꽃들이 흐느적이던 밤바다
젊음이 별처럼 피어나던
축제의 불은 꺼지고

하늘 끝 바다 끝 세상 끝의 뒤엉킴
아우성치는 태양 이글거리는 사람들
궂은 날 뼈앓이 하듯
백사장은 우울하구나

그래도 내게 조금은 눈물보다 빛나는 유혹
무화과 열매만큼 바다향이 달콤해
한 조각 꿈으로만 남을
내밀한 편지를 쓴다

---

* 철이 없는(경상도 사투리)

함백산* 안개 숲

그대 내 손 기어이 잡아 주지 않았네

녹음 빛 안개로부터 비수로 와 꽂히는

사북舍北 땅 우울만큼 무거운

거부의 손짓이었네

석탄처럼 타 버린 그대 가슴 왜 모르리

성에 낀 창이라면 입김불어 녹여줄 것을

입주도 한잔 못 나누고

돌아선 아쉬운 발길

---

* 강원도 태백시에 있음(관광버스가 오르지 못함)

플룻을 부는 그녀

그녀의 입에서는 꽃잎 피는 소리가 난다
이제는 너무 멀어 아득해진 그리움에
꽃잎의 언어로 전하는
봄날 선율이 곱다

그녀의 입에서는 풀피리 소리가 난다
꽃바람에 물오른 개울가 버들피리
그 시절 그 언덕에 앉아
유년을 노래한다

그녀의 가슴에선 봄바람 소리가 난다
아픔도 외로움도 플룻 소리에 담고
사르르 꽃잎 날리듯
봄노래를 부른다

굴절

안경다리 하나가
허공을 흔들고 있다

무엇을 꿈꾸는지
알 수 없는 몸짓으로

이 세상
모든 다리는
위태롭고 위태롭다

안 보이는 세상까지
보려는 건 욕심일까

가슴 속 꽃송이들
다 져버린 이즈음

굴절된 세상을 보다보면
내 관절도 비틀거린다

달팽이가 운다

아직도 너의 눈물 마르지 않았느냐

슬픔을 되새기며 긴 강을 휘돌아와

여름밤 찌르레기 소리로

내 안에서 울고 있나

슬픔인 듯 아픔인 듯 풀벌레가 울어댄다

미로 같은 삶 속 길은 없다 어디에도

퍼렇게 멍든 소리로

달팽이가 운다

코로나19

3월 가고 4월이 와도 봄님은 안 오시네
산 너머 너머에서 자가 격리 중이신가
세상은 빙하바이러스로
속절없이 무너지네

새싹들 숨소리가 가슴 밑을 차오르네
살얼음판 딛는 듯 아슬아슬한 나날들
볼 수도 만질 수도 없는
잔혹한 무형의 좀비

그래도 봄님 오시고 꽃님도 피우셨네
반가워도 고마워도 임 마중 못 나가고
시들은 목련꽃잎 같은
마스크만 동동 떴네

겨울에 온 편지

함박눈 쌓이던 날 꽃잎 하나 날아드네
갈피마다 마른 풀꽃에 단아하신 님의 미소
때 아닌 봄빛 향으로
내 겨울을 녹이시네

북으로 난 창을 열고 비워 두신 가슴 한 켠
꽃잎에 세월 말리며 쌓아 오신 긴 기다림
하얗게 타 버린 눈물
백발조차 고우시네

당신의 시간 속으로 노을도 이울어 가고
아무도 모르게 그 애릿한 그리움
다 못한 속엣 말씀 풀어
눈꽃 빚어 보내셨네

입추

밤새 비 내리더니 바람결이 수상하다
새로 칠한 하늘빛 쓸쓸해지는 내 창가에
사유의 항아리 하나
넉넉하게 비워두리

풀벌레소리 낮아지니 아무래도 심상찮다
부추꽃 하나 없는 오늘 저녁 내 뜨락에
너 닮은, 꼭 너를 닮은
꽃 한 송이 걸어두리

봉숭아 꽃 씨앗주머니가 절로 툭툭 터진다
무언가 덜컹 내려앉는 내 가슴소리에
세월이 저만큼 서서
나를 뒤돌아본다

소포

소포가 왔다
눈이 내리고
용수철 튀는 내 관절

아다모*는 진종일
하얀 눈을 노래하고

안개꽃
가득히 내리는
그리움의 춤사위다

포켓 속 작은 안부
긴 작별
예감인가

꽁꽁 언 창틈으로
눈바람 새어들고

---

* 이탈리아의 작곡가이자 발라드 가수

땀 절은
옷가지 속에서
군화 소리 들린다

바다가 고요하다

바다가 고요하다
여름이 간 데 없다
비치용품 가게주인 벌어진 앞니 사이로
지폐 빛 바다 물결이 우르르 빠져나간다

바다가 고요하다
바람 빠진 비치볼이다
흩어진 발자국 모아 모래집을 짓는다
흰 파도 멀어져가며 가슴에 이슬 맺힌다

바다가 고요하다
흰 파도꽃 흩어진다
그 많던 속삭임들 어디로 가 별이 될까
그림자 뒤따라오며 추억 한 올 줍는다

허공을 허물다

25시 푸른 불빛이 허공에 난을 친다
그예 삭이지 못한 한 가닥 시름마저
찬 가슴 꽂힐 때마다
붓끝에 바람 인다

절로 떠가는 물위에 금 없는 금을 긋고
초침은 또 외발로 길 없는 길을 간다
오뚝 선 점 하나로 우는
이 밤을 접으면서

어제의 테두리에 묵은 먹물을 씻고
창밖에 서성이던 어둠이 돌아서면
수줍게 옷고름 여미는
난 꽃 같은 새벽 별

북핵

구름 낀 하늘 저 편
시간은 갇혀 칠십 여년

눈빛은 비수를 갈고
둥지는 안으로 삭아

끝내는
부화하지 못할
무정란을 품고 있네

강 건너 안개 속은
굳게 닫힌 금기의 땅

두 눈을 부릅뜨고
두 주먹 불끈 쥐고

부풀다 터져버리고 말
풍선만 불고 있네

조각공원

황량한 계절위에
앉도 서도 못하는
입술을 깨물면서
제 살점 뜯어내는
재작년
그 나무들 곁에서
고해하는 맨몸이여

오랜 사원 뒤란 같은
영혼위에 내가 눕네
예술 그, 황홀함을
삶 그, 고단함을
저마다
어떤 모습으로
고뇌하는 님이여

야간열차

꿈꾸는 여인旅人 훔쳐 안고
화살 같이 달아나네

파르르 성을 내던
풀잎들 돌아 눕고

기적은
영문을 모르겠다며
어둠 깊이 꼬릴 감추네

바람은 시침 뚝 떼고
휘파람만 불어제치네

무르익은 초여름
꽃향기만 날리면서

수줍은
별들의 숲 속으로
사라진 저 음험한 사내

만남

흩어진 담배연기처럼 가뭇했던 얼굴들
이마에 잔설 희끗 쌓여가는 그런 날
발효된 시간을 타고 와 뜨거운 잔을 든다

뒷동산 참새알 같던 철부지들 앞가슴
빳빳한 넥타이로 자존심도 챙겨보지만
유년의 꽃길 달리며 시간의 탑을 허문다

그리움 한데 모아 지고 온 긴긴 세월
흐르는 실개천에 꽃잎 띄워 보내듯
밤새 내 풀고 풀어도 꽃은 지지 않는다

추억을 얼싸안고 옛 노래에 젖는 시간
빛바랜 기억 멀리 깃털처럼 가볍게
노래는 꽃구름 타고 고향하늘 날고 있다

어둠과의 대화*

눈을 감지 않았다 가리지도 않았다
두 눈 깜깜하게 뜨고 깜깜한 세상을 본다
세상은 온통 정전 중, 빛 한 올 볼 수 없다

빠삐용**의 벼랑보다 더 아찔한 두려움
흰 지팡이*** 하나에 생의 전부를 걸고
허공을 두드려본다 칠흑 같은 어둠 속

"앞에는 계단입니다. 조심히 내려오세요."
아! 천상의 소리인가 밉도록 차분하다
모골엔 더듬이가 아닌 시퍼런 날이 돋고

어디선가 바람 불고 새소리 들려온다
쓰러질 듯 더듬더듬 움켜잡는 그 무엇
나뭇잎 풀잎조차도 노아의 방주가 된다

---

* 시각장애체험 전시관
** 프랑스 영화 제목
*** 시각장애인의 전용 지팡이

음료수를 주문 받던 카페라는 암흑에서
따뜻하게 안내하며 손에 컵을 쥐어주던
그 손길, 그 목소리가 시각장애 1급이란다

죽음보다 두렵던 검은 우주를 벗어나온다
눈뜨고도 보지 못한 아름다운 또 다른 세상
눈으로 보려하지 말고 가슴으로 보라한다

03

세월을 걷다

겨울 추전역

싸리밭골 검은 언덕에 함박눈이 내린다
눈부신 싸리꽃처럼 희게 웃던 치아들
오롯이 쏟아져 내려
역두에 산을 쌓는다.

이따금 간이열차는 목청높이 뽑아들고
먼지처럼 가라앉은 고요 속 침묵을 향해
저 혼자 손을 흔들며
목숨 가듯 스쳐간다.

가장 높이 올라앉아 가장 낮게 허리 굽혀
백설의 휘장으로 타버린 속 여며보지만
긴 세월 어두운 정암골에
불씨로만 묻혀있다.

제야의 종

힘껏 시위를 당긴다
몇 만리나 날아갈까

나달을 지워가며
열두 강물 건너서

새 노래
새 빛을 찾아
잠든 우주를 깨운다

화살 끝 그 어디쯤
과녁은 보이지 않고

파르란 날 빛 살촉
하늘 문 활짝 연다

속병 든
지구를 흔들면서
신음하는 저 종소리

눈물에게

어둠의 쓸쓸함을 위해 빛은 아름답다
광란의 불꽃들이 흐느적이던 밤바다
젊음이 별처럼 피어나던
축제의 불은 꺼지고

헤집을수록 상처 속엔 그리움의 강물인가
한 시절 뜨겁게 타는 실핏줄을 흐르다가
다 못 푼 어혈을 안고
그대 웃고 있구나

어둠은 그대에게 자유이며 지옥이다
바다 끝 넘실대는 정적을 끌어안고
내 안에 안개꽃 피는
그대 위안이어라

겨울의 창

불현듯 봄 그리워 찻물 팔팔 끓인다
어둠이 너무 긴 동굴 속 겨울의 창
고집 센 성에꽃 녹여줄
녹차향이 풋풋하다

불현듯 봄 그리워 현악에 마음 뉘인다
아무의 꿈 빛깔도 하나 없는 겨울의 창
춤추는 음계를 따라서
새 순이 돋고 있다

입동이 오면

마른풀 언덕위에 찬 서리가 내린다
왼 여름 멍든 살 속 헤집고 가는 철새
떨리는 문풍지 울음에
지레 목이 쉬는 소리

격동의 한 생을 못다 여문 씨앗 하나
흐려오는 구름헤쳐 볕살 한 줌 끌어안고
꽃 대궁 긴 목을 세월
한을 태우는 계절이여

문밖에 술렁이는 바람 문득 낯이 설어
시려오는 앞가슴 무엇으로 다독이나
어느새 내 영혼의 껍질은
빗장을 걸고 있다

대보름 달맞이 풍경

달이 탄다 밤바다에 중천에 떠오른 저 달
연등 높이 걸어놓고 간절한 손 빌고 빌어
훠얼 훨 모래알보다 많은
소망들이 타오른다

꽃이 핀다 백사장에 뜨거운 눈물 꽃이
밤물결 흐느낌에 기도소리 높아가고
돌아올 기약도 없이
뱃길 떠난 님이여

재우쳐 안부를 묻는 성급한 파도소리
손바닥 닳고 달아 소지로 타오른대도
모르네 저 달도 모르네
도리질하는 촛불들

폐선

빈 가슴 한 구석에 지금도 들립니다
살얼음 떨리는 고요 뼈마디에 새겨 앉고
천지의 메마른 음률
무너지는 내 꿈이

언제면 돌아갈까 저 망망한 대해로
내 한 생 노를 젓던 시린 등솔 너머로
바람은 갈대에 찢겨
짐승처럼 우는 밤

낡은 현을 조율하듯 달빛 꺾는 목소리로
단절된 수역水域에서 역류하던 내 노래
돌아와 강설에 누워
겨울비에 젖습니다

뇌졸중

짧은 생의 길이 건
아마득한 물의 길이 건

갈 길 가지 못하고
막힌다는 건 슬픔이다

막혀서 더 가슴 터지던
내 어머니 혈관처럼

향기로운 꿈길이 건
황폐한 숲길이 건

막힌 길 막히지 않고
흐른다는 건 아픔이다

흘러서 돌이 되어버린
내 어머니 눈물처럼

두 다리 허공에 두고
앉아서만 이십여 년

열 두말 열 두되의
피눈물 삼키시다

하늘 길 걸어서 가신
내 어머니 영혼처럼

미련

비 내리는 뜨락에
나팔꽃 고개 숙인다

조청 같은 어둠이
가슴 안에 내려와

시간을
축으로 삼아
끝없이 맴도는 너

지워도 지지 않는
기억의 저 너머에

산그늘 돌아나간
바람 다시 불어와

이따금
내 시계바늘을
꼭 잡고 놓지 않는 너

가을 함박눈

10월의 끝자락에 은행나무 터널이

노랗게 물이 들며 함박눈을 맞고 있다

철없는 계절의 굴레에

길을 잃고 허우적인다

아직 여물지 못한 여린 몸짓으로

현란한 춤사위의 눈바람이 쏟아진다

지구는 시간을 돌리고 있다

거꾸로 돌리고 있다

휘청거리는 연鳶

방패연 뚫린 가슴에 쓴잔을 부어댄다
취기는 시대처럼 목덜미에 시려오고
하늘엔 분노의 눈발들이
칼춤을 추고 있다

더 높이 날고 싶어 더 멀리 뛰고 싶어
허공 짚고 재주넘으니 지구는 제자린데
한 줄기 실오라기에
매어달린 삶이라니

달빛아래 칼을 갈 듯 비수 같은 불빛 속을
또 하루 쌓인 피로 꼬리 틀며 흔들릴 때
시간을 얼레질하며
점멸하는 아내의 꿈

초침소리

깊은 어둠의 문틈으로 새어드는 심장소리

바람결에 마른 꽃이 풀솜처럼 흩날리고

잊혀져 흘러가는 만큼

상처는 깊어진다

피고 지는 꽃을 위해 내 할 일 무엇인가

깊은 산 험한 계곡 살얼음 깨어지는 듯

가슴 속 울림소리도

절로 바삐 뛰고 있다

북경의 시

하늘도 꿈속처럼 세상 문을 열어 뵌다
진열장 속 투시도로 다가오는 '죽竹의 장막'
시대는 광활한 저 대륙의
잿빛 안개를 걷는가

비 내리는 천안문 광장 젊은 선혈 흔적 없고
저만큼 낯익은 초상 굳은 표정이 젖는다
상처 난 자유의 목마름으로
빗속을 가는 사람들

북경의 아침에도 신의 은총은 떠오르고
자전거
자전거들
자전거들의
자전거가
이념의 붉은 포도 위에서 지구의를 돌린다

빈 배

빈 배로 떠가고 싶다 쪽빛 바다에 누워
벌거벗은 흰 달빛 잠겨드는 고요 속에
오랏줄 활활 태워 버리고
깃털처럼 가볍고 싶다

알몸의 바다만큼 한 크리스탈 술잔에
비워 갈수록 차오르는 목마른 바람소리
파도는 아카펠라 코러스
솟구치는 저 갈증

우리의 내일 아침에도 해는 다시 떠오를까
하얀 목련으로 붉은 튤립으로
끝없는 수평선을 찾아서
망망대해를 날고 싶다

겨울 포장마차

한밤 내 그리움이 소복소복 쌓인다
어둠 깊은 포장집 희미한 오렌지불빛
아득한 삶의 부피만큼
쓰린 속을 달랜다

만취한 백열전구 흔들리는 유혹의 빛
어릴 적 푸른 꿈은 길을 잃고 헤매는데
서러움 굽이돌다가
심지 없는 횡설수설

취한만큼만 믿자 포장집 붉은 불빛
꽃구름도 씹어가며 먹구름도 쪼아가며
제 홀로 이 밤 다 삼킬 듯
자 왈 자 왈 子 曰 子 曰
별이 진다

마지막 카렌다

타다가 잠기어 드는 낡은 벽지 한 장
하루에도 몇 번씩 바람벽을 쳐다보며
흐르고 머무르면서
흔들리던 날들

지는 잎 빛깔마다 그리움 새로 솟듯
슬픔으로 기다리고 기뻐 잊으려 했던
굴절된 필름 속에서
노을은 눈이 부시다

저무는 햇살 한 자락 초라히 남겨놓고
덜 익은 나이 하나가 또 다가오고 있다
산다는 욕심만으로는
다하지 못할 무게로

04

꽃으로 다시

속보

오늘 낮 정오를 기해
뻐꾸기는 울지 않았음

신도시 밀림지역
제아무리 하늘 덮어도

마주 해
울어주지 않는 숲은
숲이 아니라 했음

절망뿐인 시간 따위
몰라도 좋을 것을

솔소리 산새소리
안개 숲의 그리움

심장에
새로 끼운 배터리로
난파당한 그의 꿈

그 가을은

저 건너 산마루에 붉디붉은 노을 지네

손 흔들어 배웅하며 가을 산을 걷다보면

발밑엔 핏물 든 단풍잎이

아프게 부서지네

이승과 저승 사이 거리는 얼마일까

종이 한 장 차이라고 말들은 하지만

어느새 가을과 겨울 사이

국화꽃만 멍이 드네

파도는 그 날

하늘 어디쯤이면 너 섬으로 떠 있을까
목쉬도록 불러대는 바닷새 허공을 향해
가슴을 후벼 파면서
투신하는 나의 언어

태백산 산맥처럼 포효하던 너의 넋
흰 상여 꽃 더미만 한 아름 안겨주고
푸우우, 깊은 숨 몰아쉬며
돌아서는 파도여

그날 밤 창밖에서 귀 울음 치던 바람
아무 일 없었던 듯 시간을 쓸어내리며
스무 살 청 비늘 같던 노래
구름으로 흩어진다

태풍 다음

이 아침 하늘빛은 변해 있어야 했다
폭풍우 휘몰아치던 황망한 해안을 위해
조금은 다른 표정이어야
더 정직해 보였다

아무래도 간밤은 핏빛으로 찢긴 시간
가뭇한 하늘 저 편 양심 한 점 희미할 뿐
태양은 아무 일 없었던 듯
구름조차 웃고 있다

비상등

달려라 일방통행 들꽃 하얀 벌판으로
어둡고 긴 터널과 이별의 숲을 지나
차디찬 내 그림자를 밟고
하늘까지 달려라

내일을 추월하라 목숨보다 빠르게
얼룩진 백미러엔 길 잃은 이정표뿐
천년 또, 천년의 기다림에
별빛만 출렁인다

뒤돌아 볼 수 없는 예비 되지 않은 시간
눈 감으면 다가오고 다시 멀어져 가는
길이여, 실어증에 걸린
점멸하는 아득함이여

가을에게

누가 뿌린 씨앗인가
갈꽃들 해살거린다

목마른 가지마다
칭칭 감겨 우는 바람아

휑 뚫린
가슴과 가슴사인
무슨 꽃을 피워야 하니

누가 칠한 하늘인가
산새들 재잘거린다

핏물 든 가슴으로
찢겨 우는 나무야

끊어진
시간과 시간 사이엔
무슨 색깔을 칠해야 하니

그 후

물오른 목련나무가 신음을 하고 있다

무엇으로 꽃을 피워 이 봄을 노래할까

연둣빛 이파리 몇 닢으로

상처를 보듬고 있다

지구 밖으로 잘려나가 신음하는 분신들

흰 눈물 한 송이가 팝콘처럼 피어나

저 혼자 허공에 별로 떠

백치가 된 목련꽃

빈 손

흰 깃발이 너에게 뜻밖에 어울리던 날
가슴속 해는 지고 붉은 해 녹아내리고
뜨겁게 웃던 그 큰 언덕
무너지는 저 하늘

타는 가슴 한가득 하얀 국화꽃 안고
쑥 덤불 가시덤불 다 베어낸 망루에
고단한 네 이름보다 작은
꽃씨 하나 묻는다

맨 처음 창가에 핀 우리들의 첫 햇살
이제 그 깊은 어둠, 무슨 싹을 틔울거나
버리고, 떠나간 빈 손
찬 허공을 흔든다

그 언덕에서

어느새 비 그치고
꽃바람이 정겹다

내 무덤 가는 길은
나만의 나들이 길

산새들
그리던 목소리로
지워진 이름 부른다

산만큼 한 봉분하나
등 살풋 기대어온다

하늘은 눈이 시리어
구름 속에 숨어들고

가슴엔
풀 향기보다
진한 온기가 스민다

목장승

가시버시 나란히
동구 밖을 지킨다

오가는 길손에게
웃는 법 가르치며

제 안에
저를 묻어버린
큰 바위 얼굴이다

이빨로 웃고 있다
허옇게 웃고 있다

아예 자물통 따윈
채워본 적 없노라며

속가슴
구멍 숭숭 뚫린 채
종이꽃처럼 웃고 있다

신성리* 갈대숲

노을을 가슴에 안고 갈대숲이 속울음 운다
강물 따라 가고 싶어 강가에 와서 운다
바람도 이명처럼 울며 가을을 기도하고

여인의 옷깃 같은 갈댓잎 하늘거린다
세월은 강물보다 빠르게 흘러가는데
저 바람 시린 눈물을 씻어줄 이 누군가

얼마큼의 가을과 만나고 헤어졌나
금강 변 갈대꽃이 손 흔드는 이 저녁
그대는 그렇게 손 흔들고 떠나는 이별이었나

---

* 충남 서천군 한산면 신성리(금강변에 있음)

현주소

나무는
나무자리에
돌은
돌 자리에 선다

물조차
물자리로
물자리로만 눕는데

내 뼈는
사람자리 찾지 못하고
어디서 찬 비 맞는지

이름 모를 풀잎들도
제자리서 꽃 피우는데

방황하는 마음 길은
이 세상 어디쯤인가

오늘도
현주소를 묻는다
바람 앞에 선 내게

빗소리

한 잔의 술기운으로
긴 밤 풀어놓는다

스쳐간 그림자 찾아
낙엽은 길 떠나고

빗소리
취한 밤 이슥토록
문밖에서 떨고 있다

극장에서 울다 그친
슬픈 영화이기를

한 움큼 촛불을 태워
망각의 잔을 들지만

외발로
일어서야 할 빗줄기
애증의 물길만 깊다

겨울 언덕

노래를 잃어버린 겨울새 한 마리가
비늘처럼 떨어지는 노을을 쪼고 있다
살아온 허구의 날들을
깃마다 접으면서

심판대처럼 엄숙한 갈구渴求의 이 언덕에
사랑하는 죄를 묻고 살아가는 아픔 덮고
하늘 저, 용서의 외투 깃이
찬바람에 떨고 있다

바람에 흩어지는 일기장만 넘기면서
무심히 쓸려가는 노을 빛 삶이라면
시인의 바랜 가슴으로나
허기를 채우고 싶다

가을 나무

어제의 가슴 죄던 비단옷을 벗으리라
맨살로 흐르는 강물 그 순수를 다시 배워
속죄의 나목이 되어
하늘 끝을 이으리라

머리칼은 갈꽃으로 바람인 듯 흩어지고
무너진 관절 새로 빠져나간 긴 긴 시간
나 홀로 여기 남아서
눈보라를 맞으리라

젊음 다 떠나보낸 그 아픔의 그림자
남은 정 불사르는 갈잎 덮어 잠재우고
한 움큼 찬 재 밑에는
하얀 새살 돋우리라

개미의 주검을 추모함

돌멩이 차버리듯 무참하게 짓밟고
아무 일 없었던 듯 아이들은 웃어댄다
파르르 떨리던 한 목숨
힘없이 잦아든다

태산도 지고 갈 듯 부지런한 그 집념
비틀거려도 바로 살고 무거워도 가볍다
어느 뉘 눈물이 있어
그 아픔 달래주랴

네게도 영혼 있어 무슨 꿈을 꾸었을까
하늘만한 꿈을 안고 앞만 보고 달렸을까
이승에 힘겨웠던 삶
꽃으로 다시 나기를

밥을 먹이며

오늘도 어김없이 나에게 밥을 먹인다
낙엽 쓸던 바람이 귀뚤귀뚤 울어대면
한 잔의 알코올보다 더 쓴
모래밥을 퍼 먹인다

숟가락 은빛소리가 우수에 차오를 때면
봉분처럼 소담한 밥 한술 입에 넣고
등마루 해넘이 하듯
순간을 삼켜버린다

내 더욱 울컥울컥 목구멍이 뜨끈한 날
채워지지 않는 나와 비워지지 않는 나의
몇 만 리 아직 남았음직한
강물 꽁꽁 얼고 만다

사람냄새 한 점 없는 벽과 벽들의 공간
그래도 등이 따순 두어줄기 햇살을 얹어
무언의 약속을 위해
내 생에 밥을 먹인다

해설

■ 작품 해설

열 세 명의 시인과 비평가가 바라본 신군자의 시세계

서정시의 한 모범 신군자「바다편지」

신군자 시인을 만날 수 있었던 것이 무엇보다도 보람 있었다. 신도시 건설이라는 자연의 효율적 개발과 문명적 필요라는 명분하에 무릇 물상이 파괴당하고 '그리움조차 난파당'하는 오늘의 삶의 실재를 고통스럽게 응시하고 있는 신군자의「속보」,「바다편지」,「북핵」,「현주소」와 같은 시조들을 읽으며, 시조의 정형적 율격이 구속이 아니라 언어의 효율적 운용을 보장해주는 자유로 움직일 수 있다는 사실을 발견한다.

「바다편지」에서,

오늘 바다에 와서야 너에게 편지를 쓴다
시근 없는 물새 떼 목 놓아 그리움 울고
흰 깃발 흔들면서 파도는/ 너를 기다리는가

라고 노래할 때, 혹은 「현주소」에서

나무는/ 나무자리에/ 돌은/ 돌 자리에 선다
물조차/ 물자리로/ 물자리로만/ 눕는데
내 뼈는/ 사람자리 찾지 못하고/ 어디서 찬 비 맞는지

라고 노래할 때 군더더기 하나 없는 서정시의 한 모범적인 성취를 발견한다.

신군자는 시조라는 형식을 통해서도 '끝내는 부화되지 않을 무정란을 품(「북핵」)어' 안은 오늘의 피폐하고 보람 없는 삶에 대한 절망적 인식과 징후를 훌륭하게 노래할 수 있음을 보여준다.

–장석주 시인 · 문학평론가

삶을 성찰하는 겸허함, 아름다운 서정의 깊이

밤새 비 내리더니 바람결이 수상하다
새로 칠한 하늘빛 쓸쓸해지는 내 창가에
사유의 항아리 하나
넉넉하게 비워두리

풀벌레소리 낮아지니 아무래도 심상찮다
부추꽃 지고 없는 오늘 저녁 내 뜨락에
너 닮은, 꼭 너를 닮은
꽃 한 송이 걸어두리

봉숭아 꽃 씨앗주머니가 절로 톡톡 터진다
무언가 덜컹 내려앉는 내 가슴소리에
세월이 저만큼 서서
나를 뒤돌아본다

–「입추」 전문

제목 그대로 계절의 순환 속에서 느끼는 감회를 노래한 작품이다. 입추가 지나면 바람소리가 달라지고 풀벌레 소리가 한결 침중해진다. 그러나 시인은 허무함에만 젖지 않고 자신의 창가에 '사유의 항아리 하나 넉넉하게 비워두'겠다고 한다. 넉넉한 마음으로 삶을 성찰하겠다는 의지의 표명이다.

봉숭아 꽃 씨앗주머니가 터지는 서슬에 '덜컹 내려앉는 내 가슴소리'는 이호우 시인이 설파한 그대로 "익음이란 지는 것"이라는 이치를 깨닫는 대목이다. 따라서 '저만큼 서서 나를 뒤돌아본다.'는 주객전도의 표현도 한결 작품의 깊이를 더해주고 있다.

–조동화 시조시인

빼어난 단수의 매력

시드니 올림픽에서 두드러진 점 중의 하나가 여성의 급부상이라고 했다. 우리나라의 경우도 예외는 아니라서 메달을 따는 데 여성들의 활약이 역시 돋보였다. 『시조문학』 가을호에 14인의 「여성 단시조 특집」을 엮고 있다. 한국의 여성들에게 있어 시조는 고시조에서부터 황진이를 비롯한 많은 시인과 빼어난 작품들로 우리에게 자긍심을 갖게 하였던 바 여기 신군자 시인의 시조 한 편을 들여다본다.

촛불 하나 밝혀 놓고 K시인의 시를 읽는다
'시인 홀로 사는 집은 저녁 바람만 와서 논다'고
우리 집 구석구석에는
촛불도 와서 뛰어 논다.

–「시인의 집」

신군자는 정형인 시조를 편안하게 쓴 좋은 예라 하겠다. 지난 월평에서도 시조는 서정 시대의 중심에 서야하고 그 한복판에 단수가 자리하여야 한다는 요지의 견해를 피력한 바 있다. 이러한 측면에서 예시는 단시조의 운신 폭을 넓히고 있는 작품이라 하겠다.

바람만 사는 집과 촛불도 와서 뛰노는 시적 자아의 집과의 대비를 통해 자아의 처지가 K시인의 고독 위에다 갈구의 기도 하나를 더 얹어 놓았음을 시사하고 있다. 재치가 돋보이는 작품이라 하겠다.

–김연동 시조시인

작은 것에의 연민, 조용한 이끌림의 시학

삶을 소재로 시를 쓰는 것보다 삶 자체를 시로 변화시키는 것이 더 바람직한 일(『활과 리라』)이라고 한 옥타비오 파스의 생각을 떠올려 보면 자연스럽게 신군자 시인이 겹친다. 그녀의 삶에서 느껴지는 시 같은 매력 때문이다. 그 가운데 가장 특징적인 것은 작은 것에 대한 연민 의식이다. 그것은 인위적일 수가 없는, 지극히 자연스러운 이끌림이고 발견이다. 「개미의 주검을 추모함」이 그것을 대표한다.

돌멩이 차버리듯 무참하게 짓밟고
아무 일 없었던 듯 아이들은 웃어댄다

파르르 떨리던 한 목숨
힘없이 잦아든다

태산도 지고 갈 듯 부지런한 그 집념
비틀거려도 바로 살고 무거워도 가볍다
어느 뉘 눈물이 있어
그 아픔 달래주랴

–「개미의 주검을 추모함」 일부

개미는 살아있든 죽어있든 일부러 신경 써서 찾아보기 전에는 눈에 띄지 않을 만큼 아주 작은 존재다. 아이들의 발아래 무참히 밟혀 죽게 되는 개미와 개미가 죽은 줄도 모른 채 웃고 떠드는 아이들에 대한 묘사는 강자와 약자에 대한 상징을 잘 보여주고 있다. 작은 것을 바라볼 줄 아는 신 시인은 일본 시인 마쓰오 바쇼의 "눈여겨 살펴보니/ 울타리 곁에 냉이꽃이 피어 있는 것이 보이네"라는 하이쿠를 떠올리게 한다.

그리고 두 번째 연(수)의 초장과 중장 "태산도 지고 갈 듯 부지런한 그 집념"이라든지 "비틀거려도 바로 살고 무거워도 가볍다"는 신 시인의 삶에 대한 태도를 엿보게 만든다.

–박정선 · 문학평론가

폭염, 비둘기, 아버지로 환치한 삶의 현장

폭염이 절절 끓는 아스팔트 포도 위
발끝에 달라붙는 고독을 떨쳐내며
허기진 비둘기 한 마리가
불볕 속을 헤집는다

절벽 같은 삶의 등에 은빛 꿈 보이려나
너를 위해 누군가 알곡 몇 톨 흘렸기를
저 홀로 기도를 올리듯
간절함을 삼킨다

시멘트 열기 속에서 무엇을 쪼고 있나
보릿고개 넘어가듯 안타까운 걸음걸이
아버지, 어릴 적 내 아버지의
땀 절은 등을 본다

–「여름의 늪」 전문

이 작품은 도시의 폭염 속에 먹이를 찾는 한 비둘기의 모습을 그리고 있다. 그러한 첫째 수, 둘째 수의 비둘기는 셋째 수에 오면 아버지의 모습으로 환치된다. 폭염 속에서 '허기진 비둘기 한 마리가/ 불볕 속을 헤집는다'며 먹이를 찾아 헤매는 비둘기의 모습과 '너를 위해 누군가 알곡 몇 톨 흘렸기'를 바라는 모습이 간절하다. 그렇게 먹고 살기 위해 노력하는 모습이 끝내는 '아버지, 어릴 적 내 아버지의/ 땀 절은 등을 본다'며 아버지의 모습으로 환치되어 나타나는 것이다.

화자의 아버지에 대한 애정이 각별하게 느껴지는 작품이다. 우리들 모두의 아버지 모습이기도 하다. 나이 지긋한 화자라면, 화자의 아버지 연배에 해당하는 사람들은 모두가 일제 강점기부터 육이오를 거쳐 살아온 분들이 많을 것이다. 고난의 시기에 살아오면서 가난을 견디고, 국가가 겪는 어려운 운명 속에 고난을 극복하며 가난하고 힘들게 살아온 사람들이 많은 것이다. 비둘기가 살아가는 도시의 삶, 도시의 가난한 소시민의 삶은 늘 자신과 가족을 부양하기 위한 힘겨운 모습, 어릴 때 본 '아버지의 땀 절은 등'이었을 것이다. 한 마리의 비둘기에서 아버지의 모습을 유추하고 있는 시인의 시선이 날카롭다. 「여름의 늪」은 작은 소재에서 큰 의미를 끌어낼 수 있는 시인의 능력을 보여준 작품이라 할 수 있다. 또한 다른 작품에 대한 기대도 보여주는 작품이라 생각된다.

–김민정 · 시조시인

이성적 절망과 초월적 꿈꾸기

빈 배로 떠나고 싶다 쪽빛 바다에 누워
벌거벗은 흰 달빛 잠겨드는 고요 속에
오랏줄 활활 태워버리고
깃털처럼 가볍고 싶다

일몰의 바다만큼 한 크리스탈 술잔에
비워 갈수록 차오르는 목마른 바람소리
파도는 아카펠라 코러스
솟구치는 저 갈증

-「빈 배」 일부

이 시에는 슬픔의 서정이 애절하게 전개되고 있다. 첫수에 등장하는 쪽빛(붉은)과 달빛의 흰색이 주는 격정과 애상이 셋째 수에도 다시 한 번 강조되고 있는 것만 보더라도 시인의 육화된 상상의 일면으로 읽혀진다. 그러나 신군자의 이 외면은 외면이나 도피 그 자체를 목적으로 하고 있지는 않다는 점을 주목할 필요가 있다. 말하자면 이성적 절망을 체험함으로써 자신이 처한 현실의 초월을 꿈꾸고 있다.

인생의 길고 먼 항로에서 누구나 몇 번씩은 겪게 되는 절망적 상황, 그리고 그것을 극복하고자 하는 노력은 그것 자체가 아름다움이면서도 심각한 고통을 요구하기 마련이다.

신군자의 경우, 숙명을 그 하나의 불변적 실체로 수용하기보다 재생산과 생명력의 산실인 바다에로의 탈출을 시도함으로써 오히려 초월의지를 보여주고 있다. '우리의 내일 아침에도 / 해는 다시 떠오를까' 마지막 수首에서까지도 절망의 끈을 놓지 못하는 철저한 자기부정은 자신의 감정을 정제하는 또 다른 한 방편인 것이다. 절망은 언제까지나 자기정화의 능력을 스스로 보유하고 있는 것이다.

–문무학 · 시조시인

감정의 이입 또는 색채의 질문

끊어진
시간과 시간 사이엔
무슨 색을 칠해야 하니

–「가을에게」 일부

신군자의 작품은 어떻게 보면 시조 같고, 어떻게 보면 자유시 같다. 종장을 읽어보면 '끊어진/ 시간과 시간 사이엔/ 무슨 색깔을/ 칠해야 하니'로 읽힌다. 음수율이 3855조가 되었다. 일반적으로 시조의 종장을 3543조라고 하는데 너무 넘친 것이다. 중장에서는 '목마른 가지마다/ 칭칭 감겨우는 바람아'라고 바람을 불러댔는데, 이때의 바람은 작자 자신의 감정을 대변해주는 대변자인 것 같다. 칭칭 감겨 우는 존재의 바람일 수도 있기 때문이다.

종장의 내용은 철학적인 사유가 필요하다. '끊어진 시간과 시간 사이'는 단절을 의미한다. 시간은 연속성이 있는 건데, 끊어졌다면 큰 문제가 발생한 것이다. 그것은 자아의 힘으로 해결할 수 없는 문제이다. 그래서 '무슨 색깔을 칠해야 하느냐'고 물었다. 이러한 질문은 바람에게 한 것이 아니라 작자 자신에게 한 질문 같다. 그러나 그러한 질문에는 정답이 없을 것이라는 생각이 든다.

–이광녕 · 시조시인

가장 낮고 고요한 시간을 찾아서

우주
저 바깥으로
고요의 강물 흘러
죄 짐 다 씻어 보리라
마음을 담가 본다

그 또한
욕심의 죄가 될까
돌아서는
힘겨운 발길

–「산사의 강」

호수가 있습니다. 수면이 고요할 때는 모든 사물의 형상은 있는 그대로의 모습으로 비치게 됩니다. 그러나 물결이 일렁이면 모든 사물의 모습은 일그러져 보입니다. 사람의 마음 또한 이와 같습니다. 마음이 고요한 사람은 어떠한 일에도 크게 흔들림이 없지만, 그렇지 못한 사람은 작은 것에도 큰 파문을 일으킵니다.

어느 날, 산사에 들어봅니다. 절의 넉넉한 품속에서는 일상의 수많은 끈들이 잠시나마 놓여난 듯합니다. 그간 너무 많은 것을 잊고 살았다는 자책감과 함께 수면에 비친 내 모습을 상상해 보기도 합니다. 지금까지 지은 죄 있다면 이쯤에서 다 내려놓고 싶다는, 가장 낮은 마음이 되어봅니다.

그렇지만 이런 마음 또한 욕심으로 남을까봐 돌아서는 발길조차 무겁기만 합니다. 지금의 내 마음 내 행동 하나하나, 어느 먼 날에는 업으로 남게 되기 때문이겠지요.

–김영희 · 시인

명징한 표현, 깨끗한 상징

정갈한 댓돌위에
여린 햇살이 따습다

고단한 낙엽 한 잎
흰 고무신 속에 들어

어디로

가야 하는지

부처님께 묻고 있다

-「산사에서」

길은 언제나 가까운 데 있다. 이것이 자연의 순리다. 승려가 불상을 모시고 불도를 닦는 곳이 사찰이다. 그러기에 '산사'의 배경이나 그 분위기는 모두 정갈하고 단순하다. 위 작품은 우선 주제가 구도적이다. 시어 선택 및 그 표현기교가 군더더기 없이 매우 명료하고 깨끗하다.

초장, '정갈한'은 모양이나 옷 등이 깨끗하고 말쑥하다는 뜻이다. '댓돌'은 집채의 낙숫물이 떨어지는 안쪽으로 돌려가며 놓은 돌인데, 여기에 보통 신발을 벗어 올려놓는다. 하얀 '댓돌'위에 놓인 하얀 '고무신'은 쓸쓸한 느낌보다는 왠지 정갈하고 불교적 성스러운 인상을 준다. 댓돌 위에 내리는 '햇살'도 강렬하지 않고 연하고 부드럽다 그러면서도 따스한 온기를 '댓돌'과 '고무신'에 인정처럼 내린다.

중장, 모든 삶이란 고단하고 힘들다. 몸이 지쳐 느른한 상태가 '고단한' 것이다. '낙엽'은 은유로 하나의 인격체다. 낙엽도 짧으나마 일생이 있다. 봄에 새 싹이 돋을 때 나무는 산통을 겪고, 여름에 거친 비바람과 뜨거운 태양 아래 온갖 고통을 겪는다. 그러다가 가을엔 자연의 순리대로 어디

론지 떨어져 사라진다. '낙엽'은 질 때도 나무의 모든 불순물을 몸속에 지니고 간다고 한다. 가을바람엔 한 잎 두 잎 떨어져 거리를 구르다가 발길에 채이는 낙엽의 모습은, 어쩌면 인생의 고뇌와 허무와 무상의 모습과 다르지 않다. 그러나 낙엽은 어차피 가야 할 길을 갈 뿐이다. 미련이나 불평불만도 없이 제 운명을 다소곳이 수용하는 낙엽은 사람보다도 훨씬 지혜롭고 아름다워 보인다. 그래서 낙엽은 결코 고독하지도, 영원히 죽지도 않는다. 낙엽은 순환의 새로운 생명을 준비하고 있기 때문이다.

'낙엽'은 짐짓 갈 곳을 모르고, 스님의 신발 속에 들어 부처님에게 가는 방향을 묻는다. 바르고 진실하며 선하게 살고픈 화자는 자신의 정신이나 영혼을 '낙엽'으로 환치한다. '부처'는 불도를 깨달은 성인이요, 무한한 자비심을 갖고 있다. 인간에 있어 삶의 길은 어디든지 있는 것이다. 진실한 삶의 길은 언제나 가까운데 있으며, 이 길이야말로 자연의 순리다. 헌데, 사람들은 때로는 방황한다. 그래서 부처님에게 삶의 길을 묻고 있지만, 결국 자아의 길을 스스로 결정해야 한다. 세상에서 가장 중요한 것은 자기가 자기 자신을 진정한 주인임을 깨닫는 일이다.

—문복선 · 시조시인

파격 없는 안정감 율격

깊은 어둠의 문틈으로 새어드는 심장소리

바람결에 마른 풀꽃 풀솜처럼 흩날리고

잊혀져 흘러가는 만큼

상처는 깊어진다

피고 지는 꽃을 위해 내 할 일 무엇인가

깊은 산 험한 계곡 살얼음 깨어지는 듯

가슴 속 울림소리도

절로 바삐 뛰고 있다

-「초침소리」 전문

하나의 주제를 끝까지 놓지 않고 잘 이끌어가는 집중도와 몰입도가 크고 2수의 연시조로서 첫 수와 둘째 수의 대조적 짜임도 좋다. 거의 파격이 없는 시조의 운율도 시인의 운율도 각고의 노력을 엿보게 한다.

첫 수는 '문틈으로 새어드는 심장소리', '마른 풀꽃 풀솜처럼 흩날리고'에서 보는 바와 같이 섬세하고 가녀리고 무게를 전혀 느낄 수 없는 지극한 가벼움으로 시작하였으나 둘째 수에 오면 그러한 심장소리가 '깊은 산 험한 계곡 살얼음 깨어지는' 소리로 커지고 있다.

감정이 오가는 진폭이 이토록 커서 뚜렷한 강약의 대조가 생기고 마지막 수 종장에서는 '절로 바삐'란 시조다운 시어가 더해져 더욱 빠른 속도감으로 마무리 되었다.

–김일연 · 시조시인

시대의 아픔을 표현한 시조의 빛나는 율격

신군자의 작품 배행은 자유롭되 어조를 통해 시조의 전형을 느끼게 한다. 그녀의 시가 외형상의 배행이나 음수율을 파격한 것처럼 보이는 것은 전통성이나 도덕성을 상실해 가는 현실을 반영하기 위해서인 듯하다.

두만강 푸른 물은 푸르지도 않았어
구름 한 점 노닐 수 없는 하야니 야위 가슴
웃음 꽃 시든지 오래인
어머니의 유골이었어

–「김정구의 두만강」 일부

신군자의 작품들은 현대사회의 비인간적인 생리를 드러내는 데 목적을 두고 있는 것 같다. 그녀의 시가 파격적인 것처럼 보이는 이유도 아마 이와 상관있는 듯하다. 그녀의 시는 대개 기계주의적 인간상(「속보」), 삭막한 세상에서의 고뇌(「북핵」), 방황하는 존재(「현주소」), 등을 그림으로써 현실의 비관적인 모습을 그리되 「바다편지」처럼 원초적 인간 정서를 꿈꾸는 대로 나아가고 있다. 「김정구의 두만강」은 삭막한 현실을 그리되 인간다움의 세계를 배제하지 않음으로써 참으로 추구해야 할 것이 무엇인지를 고뇌하게 하는 작품이다.

신군자는 첫째 수에서 인간성 상실의 모습을 '어머니의 유골'로 비유하고 '두만강 푸른 물은 푸르지도 않았어/ 구름 한 점 노닐 수 없는 하야니 야윈 가슴'이라며 그 심각성을 구체적으로 표현해 놓았다. 그러면서 그녀는 둘째 수에서 '강 건너/ 고요한 마을 근황'이라는 전통적 정서를 배제하지 않고는 있으나 그곳이 '바람도 알 수 없을 만큼' 오늘의 현실과는 너무 멀리 떨어져 있음을 안타까워하고 있다. 더구나 '아이들'마저 "이 강 건너면 안돼요!"라고 말함으로써 전통적 정서나 그리움의 고향과는 거리가 먼 세계를 살고 있음을 표현한다. 이는 미래마저 희망적이지 못함에 절망하고 있는 것처럼 보이기도 한다. 그러나 그 절망감은 현실에서 극복되어야 할 과제가 무엇인지를 역설적으로 강조하고 있다.

–정신재 · 문학평론가

한 시인의 무덤 같은 울음

솔잎들도 가을엔 목울음을 울고 만다. 정절, 그 오만의 뿌리를 뿌리치고 싶어 마침내 떠나는 것들을 향해 무덤 같은 가슴을 운다.

-「10월 소나무」 일부

날씨가 제법 쌀쌀해지면서 단풍이 들기 시작했습니다. 주말에는 단풍놀이를 즐기는 사람들의 발걸음이 무척 분주해지는 계절입니다. 그러나 여전히 우리의 소나무는 변함없이 늘 푸른 이파리를 떨구지 않고, 자기 자리를 지키고 서 있습니다.

시인의 외침처럼 모든 떠나는 것들을 향해 무덤 같은 가슴을 울면서 미동도 하지 않는 소나무는 바로 우리의 나무입니다.

-고규홍 · 시인